JN245129

ワ・タ・シ・の 思想家ずかん

著・イラスト　ゆも

17歳の私へ

今頃は、学校に夜遅くまで残って、

図書館に毎日のように通って、

たまに友達と帰り道の河原で叫び励ましあいながら

必死に受験勉強している頃でしょうか。

あなたが今書いている倫理のノートが

二年後に書店に並んでいるなんて

考えたことがありますか？

なんでテスト勉強の期間や、受験勉強の時に限ってやりたいことがポンポン思いついてしまうのですかね？　特に受験勉強の時は顕著でした。やりたいことをやりたい時にできないことほどストレスってないです。勉強は元々嫌いではなかったのですが、私の場合は絵を描きたい時に描けないのが受験勉強のときの一番のストレスでした。

そこで思いついたのがまさにこれ。

センター試験で倫理を選択していた私は、過去問に出てくる思想家を全員覚えてしまえば良い点数が取れるんじゃないかという安直な考えに至りました。周りの友人のように参考書を何度も読み返し、暗記する方法を私はできませんでした。長い文章や文字を追っていると自分の意志とは関係なくまぶたが下がってくるタイプの人種だったのです。

だったら、絵に描いて覚えよう。そうすれば他の勉強の合間に私でもできる！　しかも絵も描ける！　そうして倫理のノート作成が始まりました。思想家の絵がノートに増えていくにつれて、模試の点数も上がりました。頭の中で彼らが勝手に話しだして答えを言ってくれるのです。センター試験でも同じ。彼らのおかげで80点台を取ることができました。

この本を手に取ってくださった方へ

たくさんある本の中からこの本を見つけてくださりありがとうございます。読んだ人に楽しいと思ってもらえるように編集者さん、デザイナーさんにたくさん協力していただきました。勉強しながら楽しい、思わず眺めたくなってしまう、そう思える一冊になっていたら嬉しいです。

ゆも

「知は力なり」

ベーコン『新機関』の一節「人間の知識と力は合一する」

フランシス・ベーコン

生　没 1561年1月22日～1626年4月6日

出身地 イギリス・ロンドン

研究分野 イギリス経験論

ゲオルク・ヴィルヘルム・フリードリヒ・ヘーゲル

生没 1770年8月27日～1831年11月14日

出身地 ドイツ・シュツットガルト

研究分野 ドイツ観念論

「理性的なものは現実的であり、
現実的なものは理性的である」

ヘーゲル『法の哲学』

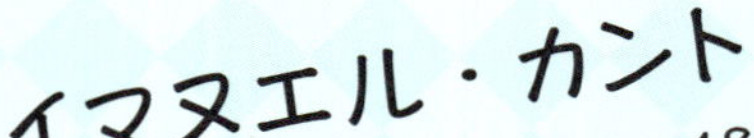

生没 1724年4月22日～1804年2月12日

出身地 ドイツ・ケーニヒスベルグ

研究分野 ドイツ観念論

無条件の命令（定言命法）にのみ道徳的意味があります

永遠平和のために

認識論
人は何を知りうるか？
純粋理性批判

認識が対象に従うんじゃなくて対象が認識に従うんです。
コペルニクス的転回

道徳哲学
人は何をなすべきか
実践理性批判

僕の哲学は徹底的に吟味する批判哲学といわれます！

カント

理論理性は経験可能な世界しかとらえられません

「精神の革命」をしました

「認識が対象に従うのではなく、対象が認識に従う」

カント『純粋理性批判』

「絶望は死に至る病」

キルケゴール『死に至る病』

セーレン・キルケゴール

生　没 1813年5月5日～1855年11月11日

出身地 デンマーク・コペンハーゲン

研究分野 現代実存哲学

絶望とは
死に至る病である
自己の内なるこの病は
永遠に死ぬことであり
死ぬべくして
死ねないことである
それは死を死ぬことである
キルケゴール

ヤスパースさんとキルケゴールさんの思想が真逆だなあ…と思って気づいたら描いていました。実存主義の皆さんは描いてるとすごく動いてくれます（笑）

「愛しながらの戦い」

ヤスパース『哲学入門』

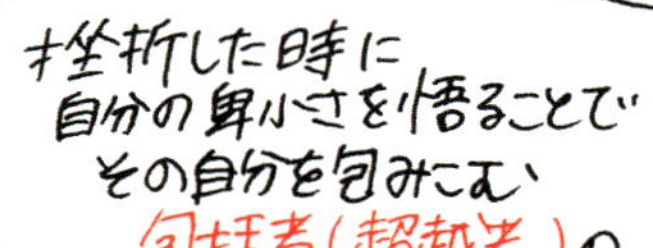

カール・ヤスパース

生　没 1883年2月23日～1969年2月26日

出身地 ドイツ・オルデンブルグ

研究分野 実存哲学

老子

生没 ？　出身地 中国・周

研究分野 道家思想

「道」とは自然そのものじゃよ ⇒ 無為自然に生きようぞ

無理してすることはない 道は「無」でもある

老子

ひたすら謙虚で他人と争うな（柔弱謙下）

満足（知足）しなさい

儒家の人為的道徳を批判

天下を統一する大国よりも自給自足できる程度のつつましい国が理想よ。小国寡民

「上善は水の如し」

「上善は水の如し」

「不言の言を聞く」

荘子『荘子』

荘子

生没 ？　**出身地** 中国・周

研究分野 道家思想

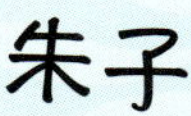

朱子

生没 1130年9月15日～1200年3月9日

出身地 中国・南宋

研究分野 儒学、朱子学

静坐して
居敬につとめよ

儒教教典の
読書により万物の
理を我が物
とせよ

→『居敬窮理』

朱子

『朱子学』

宇宙のすべては
物質的な
要素気と
非物質的
な理から
成り立っている
＝
『理気二元論』

人間の本来の心は
（本然の性）
善をなす意欲に
満ちた純粋なものだ
しかし現実の身体は
肉体（気）をもつがゆえ
心はくもってしまう。
（気質の性）
心の乱＝気
善の心が理
↓
性即理

「知を致すは物に格（至）るに在り」

王陽明

生没 1472年～1529年11月29日

出身地 中国・明　研究分野 陽明学

「知は行のはじめであり、
行は知の完成である」

『伝収録』

「孝徳は手近になづけていへば、愛敬の二字につづまれり」

中江藤樹『翁問答』

儒学の目的は
知識をつめこむこと
やのーて
"善を為す心を磨く"これや!

〃良知〃

「孝」っちゅーんは
ただ親孝行だけ
やなくて人間の
内面からでる
善の心や

時・処・位
(とき)(ところ)(身分)
に応じて
実践すべき
やで!

中江藤樹

日本陽明学の
祖と言われ
たんやでぇー!

『翁問答』

中江藤樹

生没 1608年3月7日～1648年8月25日

出身地 日本・近江（滋賀県）

研究分野 儒学、日本陽明学派

「商人の買利は士の禄に同じ」

石田梅岩『都鄙問答』

石田梅岩

生　没 1685年9月15日～1744年9月24日
出身地 日本・丹波（京都府）
研究分野 石門心学

西光万吉

生没 1895年4月17日～1970年3月20日

出身地 日本・奈良

研究分野 部落解放

「人の世に熱あれ、
人間に光あれ」

全国水平社宣言（西光万吉起草）

天皇を絶対とする国家への改造を提唱

北一輝

生没 1883年4月3日～1937年8月19日

出身地 日本・佐渡（新潟県）

研究分野 国家主義

アルトゥル・ショーペンハウアー

生　没 1788年2月22日～1860年9月21日

出身地 ダンチヒ（現ポーランド・グダニスク）

研究分野 厭世主義、生の哲学

「世界は意志が生み出す表象に過ぎない」

ルートヴィヒ・アンドレアス・フォイエルバッハ

生没 1804年7月28日〜1872年9月13日

出身地 ドイツ・ランツフート

研究分野 唯物論

「神が人間を創ったのではない、人間が神を創ったのだ」

フォイエルバッハ『キリスト教の本質』

「実存は本質に先立つ」

サルトル『実存主義はヒューマニズムである』

アンガージュマン
（自己拘束＝社会参加）
参加することが
自分をつくって
世界をつくるんだ

人間は自由の刑に
処せられている

モノは本質が
実存に先立つね

人間は自分の
本質を自らつくれる
実存が本質に先立つ

『存在と無』

サルトル

人間は果てしなく
自由な存在
なんだよ！
だからその
喜びと責任を
もたなければね！

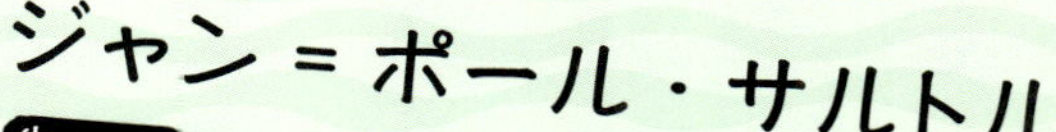

生没 1905年6月21日～1980年4月15日
出身地 フランス・パリ
研究分野 実存主義

「公正としての正義」

ロールズ『公正としての正義』

ジョン・ボードリー・ロールズ

生　没 1921年2月21日～2002年11月24日
出身地 アメリカ・ボルティモア
研究分野 社会哲学

フィリップ・アリエス

生　没 1914年7月21日～1984年2月8日

出身地 フランス・ブロア

研究分野 社会史、家族史、歴史学

「子どもは〈発見〉され、〈誕生〉したのである」

アリエス『子供の誕生』

ジャン・ピアジェ

生　没 1896年8月9日～1980年9月16日
出身地 スイス・ヌーシャテル
研究分野 児童心理学

人間の発達の要は脱中心化である

人生は８段階に分けられる

エリク・H・エリクソン

生　没 1902年6月15日～1994年5月21日

出身地 ドイツ・フランクフルトアムマイン

研究分野 精神分析学、フロイト学派

人格という人間の統一性を見ることが必要である

ゴードン・W・オールポート

生　没 1897年11月11日〜1967年10月9日
出身地 アメリカ・インディアナ州モンテズス
研究分野 心理学、パーソナリティ研究

マーガレット・ミード

生　没　1901年12月16日～1978年11月15日
出身地　アメリカ・ペンシルベニア州フィラデルフィア
研究分野　文化人類学

青年期は文化の所産

平塚らいてう

生没 1886年2月10日～1971年5月24日
出身地 日本・東京
研究分野 母性保護論、女性解放思想

「原始、女性は太陽であった」

「青鞜」のらいてうによる創刊の辞

「人間は時間的な存在である」

ハイデッガー『存在と時間』

マルティン・ハイデッガー

生　没 1889年9月26日～1976年5月26日

出身地 ドイツ・バーデン

研究分野 実存哲学、形而上学

官僚制など、合理主義的な支配
組織が巨大化する現代社会を批判

マックス・ウェーバー

生　没 1864年4月21日～1920年6月14日

出身地 ドイツ・エルフルト

研究分野 社会学、経済学

法然

生　没 1133年4月7日～1212年1月25日

出身地 日本・美作（岡山県）

研究分野 浄土宗の開祖

「念仏は易きが故に一切に通ず」

法然『選択本願念仏集』（訳：念仏は実践が容易であるがゆえに、一切の人々に通用する。）

親鸞

生　没 1173年～1262年11月28日

出身地 日本・京都

研究分野 浄土真宗の開祖

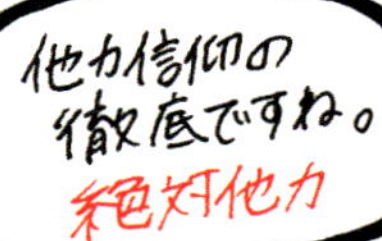

「善人なほもつて往生を遂ぐ、いはんや悪人をや」

（親鸞の弟子の唯円著か）『歎異抄』

（訳：善人でさえ浄土に生まれることができる、
まして悪人が浄土に生まれないわけがない）

「朝に道を聞かば、夕べに死すとも可なり」

孔子『論語』（訳：朝に道を聞くことができれば、その日の夕方に死んでも後悔しない）

孔子

生　没　前551年～前479年

出身地　中国・魯

研究分野　儒教の祖

「天の時は地の利に如かず、地の利は人の和に如かず」

孟子『孟子』（訳：天の与える好機も土地の有利な条件には及ばず、土地の有利な条件も民心の和合には及ばない。）

孟子

生没 前372年頃～前289年頃

出身地 中国・鄒

研究分野 性善説

山鹿素行

生没 1622年8月16日～1685年9月26日
出身地 日本・会津若松（福島県）
研究分野 儒学、兵学、古学

『論語』や『孟子』などの原典を重視した古学を展開

「仁の徳為る大なり。然れども一言にて之を蔽う。曰く、愛のみ」

『童子問』（訳：仁は、徳のうちでも偉大なものである。しかしこれを一語によっていいつくそうとすれば、愛そのものだ。）

伊藤仁斎

生　没　1627年7月20日～1705年3月12日

出身地　日本・京都

研究分野　古義学

➡P37

荻生徂徠

生　没 1666年2月16日～1728年1月19日

出身地 東京・江戸（東京都）　**研究分野** 古文辞学

ぼくが見たのは六経かなー

聖典は日本語よりも中国語の原本を読むべきだよ

『古文辞学』

『弁道』

何を学ぶべきかは聖人のことばじゃなくて聖人の業績、つまり先王の道だね

荻生徂徠

儒学の目的は個人的な修養じゃなくて天下を安泰にすること つまり安天下の道なんだよ

世を治め、民を救う経世済民をめざすべし！

経世済民こそが安天下の道である

論語！ずえぇ～ったい論語を読むべき!!
ギャイギャイ
それか孟子！
古義学派：仁斎さん
何度も言っているだろう！中国語の原本を読まなければ意味がない！
あと私は読むなら断然六経だな
古文辞学派：徂徠さん
山鹿素行はどっち!?
古義学！
古文辞学！
お前らワシが古学派なの忘れとるじゃろ
古学派：素行さん

鈴木正三（すずきしょうさん）

生没 1579年1月10日～1655年6月25日

出身地 日本・三河（愛知県）

研究分野 臨済宗

職分仏行説を主張し、職業倫理を重視した

二宮尊徳

生没 1787年7月23日～1856年10月20日

出身地 日本・相模（神奈川県）

研究分野 報徳思想

「私の教えは、徳をもって徳に報いる道である」

二宮尊徳『二宮翁夜話』（児玉幸多訳「日本の名著 26」）

「転定は一体にして上無く下無く、統べて互性にて二別なし。」

安藤昌益『自然真営道』（訳：天と海とは一体であって、上もなければ下もない。すべて互性であって、両者の間に差別はない。）

安藤昌益

生没 1707年～？

出身地 日本・秋田

研究分野 気一元論、社会変革論、尊王論

「わが日本、古より今にいたるまで哲学なし」

中江兆民『一年有半』

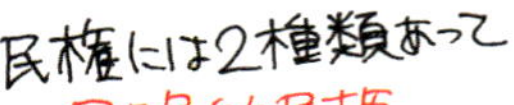

中江兆民

生　没 1847年11月1日～1901年12月13日

出身地 日本・高知

研究分野 民権思想

井原西鶴

生　没 1642年～1693年8月10日
出身地 日本・大阪
研究分野 俳句、浮世草子、浄瑠璃

浮世草子で、滑稽ながら粋で
通な洗練された生き方を描いた

『万葉集』を貫く素朴で純粋な「ますらをぶり」

賀茂真淵

生　没 1697年3月4日～1769年10月30日

出身地 日本・遠江（静岡県）

研究分野 国学、復古主義

本居宣長

生　没 1730年5月7日～1801年9月29日
出身地 日本・伊勢（三重県）
研究分野 国学、国語学、復古主義

物事を
思慮分別で
裁くような
漢意は
ちょっとな…

日本人本来の心は
真心っつー すなおな心だ

おう！古事記の研究
したぜ！
惟神の道っつー
神々に由来する自然なあり方に
したがうべきだ！

『古事記伝』
『源氏物語
玉の小櫛』

うれしいことは
うれしいこと、
かなしいことは
かなしいこと！
素直な感情
が大事だよ
もののあはれ
↓
真心に
（大和心）

本居宣長

ありのままの心情を肯定する「もののあはれ」

夏目漱石

生　没 1867年1月5日～1916年12月9日

出身地 日本・東京

研究分野 英文学者、「エゴイズム」

「私はこの自己本位という言葉を自分の手に握ってから大変強くなりました。」

夏目漱石『私の個人主義』

『舞姫』で
諦念（レジグナチオン）を表現

森鷗外

生　没 1862年1月19日～1922年7月9日

出身地 日本・石見（島根県）

研究分野 衛生学、「諦念（レジグナチオン）」

真理を体得し、霊魂の不滅を説くジャイナ教の開祖

マハービーラ（ヴァルダマーナ）

生　没 前600年頃～前527年

出身地 ヴァイシャーリー

研究分野 ジャイナ教の開祖

単なる技術的な「手段」となった「道徳的理性」を批判

ナチズムは新しい野蛮

道具的理性!!
(あらゆるものを規格化、計量化し、操作支配の対象とする)

人類が人間らしくなるとどうして新しい野蛮状態になるのさー!?

▽啓蒙の弁証法▽

▽理性の腐食▽

神話にも啓蒙の要素が含まれとる

アドルノ!

ホルクハイマー!

啓蒙とは野蛮で暴力的な要素が含まれとるよー!!

テオドール・W・アドルノ

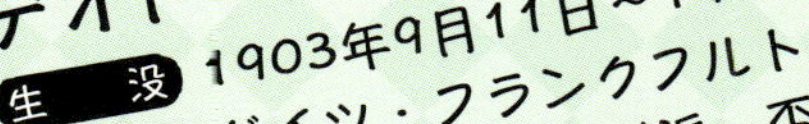

生　没 1903年9月11日～1969年8月6日
出身地 ドイツ・フランクフルト
研究分野 フランクフルト学派、否定弁証法、美学、社会学

マックス・ホルクハイマー

生　没 1895年2月14日～1973年7月7日
出身地 ドイツ・シュツットガルト
研究分野 フランクフルト学派、批判理論、社会学

対話的理性が民主主義の基盤の一つ

ユルゲン・ハーバーマス

生　没　1929年6月18日～

出身地　ドイツ・デュッセルドルフ

研究分野　フランクフルト学派、批判理論、社会学

ハンナ・アーレント

生　没 1906年10月14日～1975年12月4日

出身地 ドイツ・ケーニヒスベルク

研究分野 哲学、政治学

『全体主義の起源』

公的な問題を公的な空間で論ずるのが必要ね(=政治)

私はユダヤ人でハイデガーさんとお付き合いしたわね

『人間の条件』

個人が孤立化して、アトム化してしまったの

バラバラになったのよ…

全体主義の問題は複数性の破壊よ

アーレント

ハンナ・

人間の営みは労働・仕事・活動

現代はみんな労働ばかり！もっと活動(政治)するべきなのよ！

活動こそが最も重要な「人間の条件」である

西田幾多郎

生　没 1870年5月19日～1945年6月7日

出身地 日本・石川

研究分野 思弁哲学、純粋経験

純粋経験こそが 疑いようのない真の実在

思想史を構造主義的に分析する「知の考古学」を展開

監獄で用いられたパノプティコンが施設のモデルになっている

狂気とはみずからを「理性的」だと考えるマジョリティがそれ以外に貼りつけたレッテル

人間はこうしなければならない。という規範意識が内面化している。

抑圧は僕ら自身の常識的な知によって生み出されている

人間の死

『言葉と物』『監獄の誕生』『狂気の歴史』

『生の権力』（規律訓練型権力）監獄・学校・病院などによる規律訓育（不可視的）

近代的な人間像はじつは規範へと隷属する主体にすぎない

フーコー！

ミシェル・フーコー

生　没 1926年10月15日～1984年6月25日

出身地 フランス・ビエンヌ

研究分野 構造主義

ハンス・ヨナス

生　没 1903年5月10日～1993年2月5日
出身地 ドイツ・デュッセルドルフ
研究分野 実存主義

ハイデッガーさんのところで学んでたんですけどね… ええ、ハイ

『責任という原理』

ハンス・ヨナス

「たえずまた始まる」というのは「たえずまた終わる」ことを代償としてのみ得られる。

人間の全体実存(生存)あるいは本質を、行為の掛金としてはならないのです。

環境倫理や世代間倫理についても考えました

環境倫理における世代間倫理の思想の先駆者

「過去に対して目を閉じるものは、現在を見る目を持たないのであります」

『荒れ野の40年』

リヒャルト・フォン・ヴァイツゼッカー

生　没 1920年4月15日～2015年1月31日
出身地 ドイツ・シュツットガルト
研究分野 政治家、「歴史における責任」

理想主義的な人道主義

レフ・N・トルストイ

生　没 1828年9月9日～1910年11月20日
出身地 ロシア・トゥーラ
研究分野 ロマン主義

ロマン・ロラン

生 没 1866年1月29日～1944年12月30日
出身地 フランス・ニエーブル
研究分野 ドイツ文化（ベートーベン研究）

絶対平和主義を主張し、
ノーベル文学賞を受賞

栄西

生没 1141年4月20日～1215年6月5日
出身地 日本・備中（岡山県）
研究分野 臨済宗の祖

日本に臨済宗をもたらし、日本初の禅寺を開いた

悟りの道を学ぶ上で
最も重要なのは、座禅が第一である。

懐奘（道元の弟子）『正法眼蔵随聞記』（山崎正一　講談社）

道元

生　没 1200年1月2日～1253年8月28日

出身地 日本・京都

研究分野 曹洞宗の開祖

儒教中心・皇室尊重の国民道徳を普及

東洋道徳が優位なんだわ

西洋の工芸技術は「太平を装飾する具」にすぎなくて、土台には儒教が必要なんだわ

西村茂樹

儒教による国民道徳の回復を決意して日本弘道会を設立したわ

森有礼先生にさそわれて明六社に参加したんだわ

日本の道徳 仁義・忠孝を強調し欧化主義を批判したんだわ

『日本道徳論』

西洋

西村茂樹

生　没 1828年3月13日～1902年8月18日

出身地 日本・江戸（東京都）

研究分野 教育学、儒教的倫理思想

三宅雪嶺

生　没 1860年5月19日～1945年11月26日
出身地 日本・金沢（石川県）
研究分野 国家主義

儒教を日本の国民道徳の基礎に置くことを主張

陸羯南

生没 1857年10月14日～1907年9月2日

出身地 日本・弘前（青森県）

研究分野 国家主義、国民主義

自国固有の文化こそ自主独立の基礎であると主張

実業に従事する平民に基盤をおく平民主義

徳富蘇峰

生没 1863年1月25日～1957年11月2日

出身地 日本・肥後（熊本県）

研究分野 平民主義、国家主義

西洋の東洋に対する文化的支配であるオリエンタリズムを指摘

エドワード・W・サイード

生没 1935年11月1日～2003年9月25日

出身地 イギリス・信託統治領エルサレム

研究分野 ポスト構造主義

ゼノン（エレア）

生　没 前495年頃～前430年頃
出身地 南イタリア・エレア
研究分野 ストア派，禁欲主義

自然に従って生きよ

エピクロス

生　没 前341年～前270年

出身地 ギリシャ・サモス島

研究分野 快楽主義、エピクロス学派の祖

快楽主義を説き、アタラクシア（心の平静）を重視

徳川家の政治に関わりながら、洋学への理解を深めた

新井白石

生　没 1657年2月10日～1725年5月19日

出身地 日本・江戸（東京都）

研究分野 朱子学、歴史学、文学

民族・文化の平等を主張し、「誠信の交わり」を説いた

雨森芳洲

生　没 1668年～1755年1月6日

出身地 日本・近江（滋賀県）

研究分野 儒学

貝原益軒

生　没 1630年11月14日～1714年8月27日
出身地 日本・筑前（福岡県）
研究分野 儒学、本草学

「信ずべきを信じ、疑うべきを疑う」

山本常朝

生　没 1659年6月11日～1719年10月10日

出身地 日本・佐賀

研究分野 武士道論

「武士道というは、死ぬことと見つけたり」

『葉隠』

身分制度を正当化し、存心持敬を重視

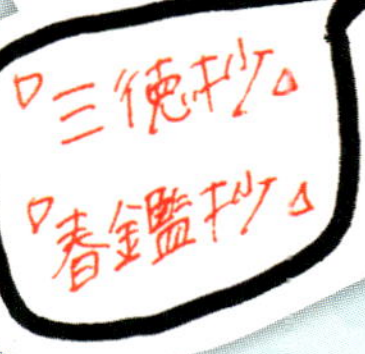

林羅山

生　没 1583年8月～1657年1月23日

出身地 日本・京都

研究分野 朱子学

朱子学一尊主義であり垂加神道を創設

山崎闇斎

生　没 1619年12月9日～1682年9月16日

出身地 日本・京都

研究分野 朱子学、垂加神道を創始

加藤周一

生　没 1919年9月19日～2008年12月5日
出身地 日本・東京
研究分野 文化論

雑種文化こそ日本文化の特性である

九鬼周造

生没 1888年2月15日～1941年5月6日

出身地 日本・東京

研究分野 実存哲学、解釈学、現象学

日本特有の美的概念として「いき」を現象学的に分析

無責任の体系を指摘し、戦後の民主主義思想を展開

丸山眞男

生　没 1914年3月22日～1996年8月15日

出身地 日本・大阪

研究分野 政治学、日本思想

「用の美」の発見

柳宗悦

生没 1889年3月21日～1961年5月3日

出身地 日本・東京

研究分野 美術評論、宗教哲学、民芸運動

南方熊楠

生　没 1867年4月15日～1941年12月29日

出身地 日本・和歌山

研究分野 植物学、民俗学、博物学

神社合祀に反対し、生態系の保護に努めた

折口信夫

生没 1887年2月11日～1953年9月3日

出身地 日本・大阪

研究分野 国文学、民俗学

「まれびと」こそ日本人の神事概念である

非戦論を唱え直接行動論を展開

『社会主義神髄』

兆民先生に
習った

『廿世紀の
怪物帝国主義』

天皇の
暗殺未遂
事件
大逆事件で
処刑され
ちまった

幸徳秋水

レーニンの
『帝国主義論』より
早くに、帝国主義を
「愛国心を経とし
軍国主義を緯とする」
として批判した

『平民新聞』

幸徳秋水

生　没　1871年9月22日～1911年1月24日

出身地　日本・高知

研究分野　無政府主義

安部磯雄

生没 1865年2月4日～1949年2月10日
出身地 日本・福岡
研究分野 社会主義運動の先駆者

片山潜

生没 1859年12月26日～1933年11月5日
出身地 日本・山口
研究分野 社会主義運動の先駆者

キリスト教社会主義を掲げ活動

貧困問題から
マルクス主義経済学に立脚

河上肇

生　没　1879年10月20日～1946年1月30日

出身地　日本・山口

研究分野　マルクス主義経済学

個人が選択できる生き方の幅を広げるための福祉政策

アマルティア・セン

生　没 1933年11月3日～

出身地 インド・ウェストベンガル

研究分野 経済学、倫理学

吉野作造

生　没 1878年1月29日～1933年3月18日
出身地 日本・宮城
研究分野 民本主義

民本主義を掲げ、普通選挙の実施を主張

美濃部達吉

生　没 1873年5月7日～1948年5月7日

出身地 日本・兵庫

研究分野 公法律学

大正デモクラシーのなかで天皇機関説を唱えた

身体を主体とした「両義性の哲学」を展開

メルロ＝ポンティ

人は身体を通して
生きているのであり
世界は身体によって
「生きられた世界」
となる。

サルトルと共に
『現代』を
発刊した

まあマルクス主義から
離反し、サルトルとも
絶縁したがな

ピアニストの指や
レスラーの肉体など
それこそを
自我

デカルト以来の
哲学が前提に
してきた思考する
主体としての
精神という
発想はないな

人が身体に
おいて実存する
のだ。

モーリス・メルロ＝ポンティ

生涯 1908年3月14日～1961年5月4日

出身地 フランス・ロシュフォール

研究分野 現象学、実存主義

→ P21

ホロコーストからの生還者として、絶対的「他者」の存在を指摘

…他者を倫理の中心に据えるのだ

暴力に満ちた世界で真の倫理の可能性を示すには…

レヴィナス

ユダヤ人として強制収容所に送られ、親族を皆殺しにされた

他者の顔が訴えかける声（殺さないでくれなど）に耳を傾け、理解できないままにその声を聞きとろうとすることにおいてのみ倫理の可能性があるんだ。

エマニュエル・レヴィナス

生　没 1906年1月12日〜1995年12月25日

出身地 リトアニア・カウナス

研究分野 実存哲学

アブラハム・ハロルド・マズロー

生没 1908年4月1日～1970年6月8日
出身地 アメリカ・ブルックリン
研究分野 産業心理学

「自己実現の欲求」を頂点とした欲求階層説を提示

クロード・アンリ・サン・シモン

生　没 1760年10月17日～1825年5月19日
出身地 フランス・パリ
研究分野 社会主義思想

「産業者階級は最高の地位を占めるべきである」

サン＝シモン『産業者の教理問答』

帝国主義の存在を指摘し、マルクス−レーニン主義を作り上げる

ウラジミール・レーニン

生　没 1870年4月22日～1924年1月21日

出身地 ロシア・シンビルスク

研究分野 ロシア型マルクス主義

マルクス主義を批判し、修正主義論争を展開

イギリスのフェビアン協会と交流する中で時代の変化にも対応すんのが必要だって気づいた！

修正液

ベルンシュタイン

まあ修正主義なんて呼ばれて厳しく批判されたがな

民主主義社会

議会制民主主義を擁護しつつ社会の前進改良を目指したぜ

資本主義が必然的に崩壊するマルクス主義の理論に疑問をもったぜ

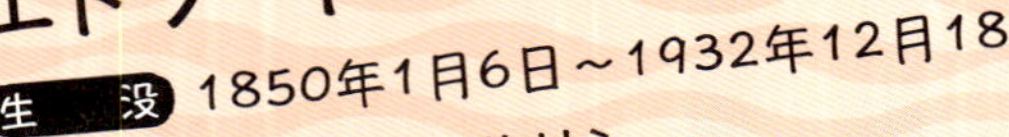

エドワード・ベルンシュタイン

生没 1850年1月6日～1932年12月18日

出身地 ドイツ・ベルリン

研究分野 社会主義、修正主義思想

オーギュスト・コント

生　没 1798年1月19日～1857年9月5日
出身地 フランス・モンペリエ
研究分野 実証派哲学、社会学の創始者、数学

コント

人間の知識の発達段階
・神学的段階
・形而上学的段階
・実証的段階の3つに分けたんス

『実証哲学講義』

フランス革命後に思想的・道徳的に無秩序になりつつあった社会に実証主義の思想による秩序を与えようとしたんス

社会学の元祖だ

また軍事的・法律的産業的の三段階に分かれるっス！

人類への愛と尊敬を説く人類教っス

実証主義を提唱し、社会学の確立に努める

「南無阿弥陀仏
決定往生　六十万人」

一遍が配り歩いた念仏札（賦算）に書かれた文字

一遍

生　没 1239年2月15日～1289年8月23日

出身地 日本・伊予（愛媛県）

研究分野 僧、時宗の開祖

空也

生没 903年9月11日～972年10月20日

出身地 ？

研究分野 僧、口称念仏の祖

庶民に対し、「南無阿弥陀仏」と唱える口称念仏を広める

源信

生　没 942年～1017年6月10日
出身地 日本・奈良
研究分野 僧、天台宗恵心流の祖

念仏こそが万人共通の易行である

功利主義を確立し、「最大多数の最大幸福」を重視

ジェレミ・ベンサム

生　没 1748年2月15日～1832年6月6日

出身地 イギリス・ロンドン

研究分野 法学、倫理学、経済学

「満足した愚か者よりも不満を抱えたソクラテスの方がよい」

J.S. ミル『功利主義論』

ジョン・スチュアート・ミル

生　没 1806年5月20日～1873年5月8日

出身地 イギリス・ロンドン

研究分野 経済学、イギリス古典学派

ウィリアム・ジェームズ

生　没 1842年1月11日～1910年8月26日
出身地 アメリカ、ニューヨーク
研究分野 心理学、プラグマティズム

結果が有用な限りにおいて その観念は真理である

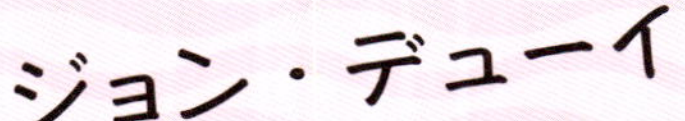

ジョン・デューイ

生　没 1859年10月20日～1952年6月1日

出身地 アメリカ・バーモント

研究分野 実験主義、教育学、心理学、プラグマティズム

『民主主義と教育』
教育は生徒自ら「なすことによって学ぶ」のだ。

ただ人間と動物のちがうところは人間は生活の中で困難に直面すると解決のために思考錯誤を行う。これは問題解決能力つまり創造的知性だ。

人間は完璧に理性的な存在などではない。人間が習慣のなかを生きる存在なのだ

デューイ

ハンマーが釘を打つための道具であるように思想もまた生活を改善するための道具でなければならない

『哲学の改造』

絶えず仮説を行動によって検証しろ

僕は道具主義だ！

「なすことによって学ぶ」

「我思うゆえに我あり」

デカルト『方法序説』

ルネ・デカルト

生没 1596年3月31日～1650年2月11日

出身地 フランス・トゥレーヌ

研究分野 機械論的自然学、物心二元論、大陸合意論

ブレーズ・パスカル

生　没　1623年6月19日～1662年8月19日
出身地　フランス・クレルモンフェラン
研究分野　モラリスト

「人間は考える葦である」

パスカル『パンセ』

「最高の権力は人民にある」

ロックの「主権在民」の思想（おそらくロック『統治二論』）

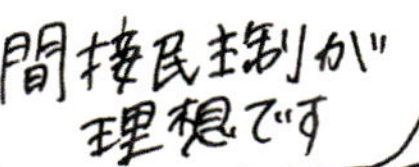

ジョン・ロック

生　没　1632年8月29日～1704年10月28日

出身地　イギリス・リントン

研究分野　啓蒙哲学、イギリス経験論哲学の祖、社会契約思想

「存在するとは知覚されること」

ジョージ・バークリー

生　没 1685年3月12日～1753年1月14日

出身地 アイルランド・キルケニー

研究分野 主観的観念論、聖職者、イギリス経験論

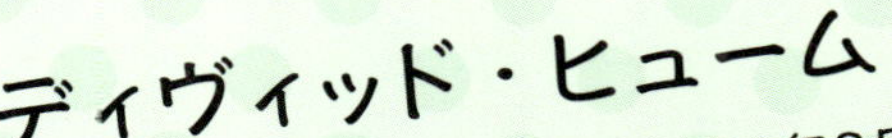

生　没　1711年5月7日～1776年8月25日

出身地　イギリス・エディンバラ

研究分野　イギリス古典経験論

『人間本性論』

エポケー
（判断中止）

ヒューム

バークリーは
物質を否定
したけど
ぼくは精神の
ほうも否定
したね。

だってそうでしょう
心そのものなんて
知覚できないじゃないか
心は知覚の束に
すぎないんだからね

あー、あと
因果律（因果法則）
も否定した。
今日起こったことが
明日また起こる
なんていえる？
因果関係そのものは
知覚できないでしょ

因果律っていうのは自然の中に
存在するものじゃなくて
人間が過去の事例をもとに
心の習慣として抱くものにすぎないよ

自我は知覚の束にすぎない

バールーフ・デ・スピノザ

生　没 1632年11月24日～1677年2月20日

出身地 オランダ・アムステルダム

研究分野 汎神論的一元論、大陸合意論

万物（自然）は神が表されたものである

夢判断などの精神分析などから「無意識」の発見

『夢判断』
「性の衝動」

精神分析学の祖

人間の心は3つに別れるよ
エス
（リビドー（衝動がうごめく）
超自我
自我 の3つだ。

フロイト

防衛機制
自我を守るうちに無意識に現実に適応しようとする心のメカニズムだよ

人間の心のうち意識的な領域なんて氷山の一角にすぎないよ。広大な無意識の領域によってつき動かされるよ

ジークムント・フロイト

生　没 1856年5月6日～1939年9月23日
出身地 チェコ・モラビア
研究分野 神経学、精神分析の創始者

人類共通の普遍的無意識である「集合的無意識」の発見

太母
グレートマザー

当初は
フロイトと
親密な間柄
だったんだ
けどね

僕は個人的
無意識の背後に
個人を越えた
集合的無意識
があると
考えたんだ

ユング

彼は人間を突き
動かすリビドーを
もっぱら性的な
ものとしたけど
ぼくはもっと多種多様
なリビドーを考えたよ

元型

アーキタイプス

すべての人は
集合的無意識の
中に元型という
ものを持ち、民族を
越えて類似する神話
などを生みだしたんだ

カール・グスタフ・ユング

生没 1875年7月26日～1961年6月6日

出身地 スイス・ケスウィル

研究分野 心理学、精神分析学

ルートヴィヒ・ウィトゲンシュタイン

生　没 1889年4月26日～1951年4月29日
出身地 オーストリア・ウィーン
研究分野 論理実証主義、言語分析

「語りえぬものについては、沈黙せねばならない」

ウィトゲンシュタイン『倫理哲学論考』

ヨハン・ゴットリープ・フィヒテ

生　没 1762年5月19日～1814年1月27日
出身地 ドイツ・ラメナウ
研究分野 ドイツ観念論

「ドイツ国民に告ぐ」

フィヒテ　1807年のベルリンでの講演

パラダイムの転換こそが科学革命である

クーン『科学革命の構造』

トマス・S・クーン

生没 1922年7月18日～1996年6月17日

出身地 アメリカ・オハイオ

研究分野 科学史

世界の本質は無自性、つまり空である

龍樹

生没　150年頃～250年頃
出身地　南インド・ビダルバ
研究分野　僧、大乗仏教の確立

事物は心の働きによって実在しているようにみえるに過ぎない

世親

生没　320年頃～400年頃
出身地　パキスタン・ペルシャプラ（現ペシャーワル）
研究分野　僧

「おまえの自由意志に従って おまえの本性を決定すべきである」

ピコ＝デラ＝ミランドラ『人間の尊厳について』

ジョヴァンニ・ピコ・デラ・ミランドラ

生没 1463年2月24日〜1494年11月17日

出身地 イタリア・ミランドラ　**研究分野** 人文主義者

「目的のためには手段を択ばない」

マキャベリ『君主論』

ニッコロ・マキャベリ

生没 1469年5月3日〜1527年6月21日

出身地 イタリア・フィレンツェ

研究分野 政治学、政治思想

ミシェル・ド・モンテーニュ

生　没 1533年2月28日～1592年9月13日
出身地 フランス・モンテーニュ
研究分野 批判的懐疑主義、モラリスト

「私は何を知るか (Que sais-je?)」

モナドは神の鏡であり全宇宙の鏡である

ゴットフリート・ライプニッツ

生　没　1646年7月1日～1716年11月14日

出身地　ドイツ・ライプチヒ

研究分野　記号論理学の祖、大陸合理論

内部生命論を提唱し、既存の価値観を批判的に見直すことを主張

北村透谷

生　没 1868年11月16日～1894年5月16日

出身地 日本・小田原（神奈川県）

研究分野 浪漫主義

山片蟠桃

生　没　1748年～1821年2月26日
出身地　日本・播磨（兵庫県）
研究分野　儒学、実学的合理思想

宇宙論や無神論などで合理主義を展開

#「宇宙に実理は二つなし」

佐久間象山『小林炳文に贈る』

佐久間象山

生　没 1811年2月16日～1864年7月11日

出身地 日本・松代（長野県）

研究分野 開国論

アダム・スミス

生　没 1723年6月5日～1790年7月17日

出身地 イギリス・スコットランド

研究分野 経済学、古典派経済学の祖、功利主義

「見えざる手に導かれて」

アダム・スミス『国富論』

アンリ＝ルイ・ベルクソン

生没 1859年10月18日〜1914年1月4日
出身地 フランス・パリ
研究分野 フランス唯心論、実在論、生の哲学

人間をその創造性に着目し「ホモ＝ファーベル」と定義

「この世界は権力への意志である」

ニーチェ『権力への意志』

フリードリヒ・ニーチェ

生　没 1844年10月15日～1900年8月25日

出身地 ドイツ・ザクセン

研究分野 実存哲学、生の哲学

世界には
きみ以外には誰も歩むことのできない
唯一の道がある
その道はどこに行きつくのか
と問うてはならない
ひたすら進め

神学にアリストテレスの哲学を取り入れスコラ哲学を完成

トマス・アクィナス

生　没 1225年頃～1274年3月7日

出身地 イタリア・ロッカセッカ

研究分野 神学、スコラ学

「仏法は遥かに在らず、心中にして即ち近し」

空海『般若心経秘鍵』

空海

生没 774年6月15日～835年3月21日

出身地 日本・讃岐（香川県）

研究分野 真言宗の創始者

チャールズ・サンダース・パース

生　没 1839年9月10日～1914年4月19日

出身地 アメリカ・マサチューセッツ

研究分野 プラグマティズム

「事実とは客観的事態から抽象された一要素である」

パース『連続性の哲学』

エトムント・フッサール

生　没 1859年4月8日〜1938年4月27日
出身地 オーストリア・プロスニッツ
研究分野 現象学

フッサール

今までの哲学は主観にうつる現象を世界そのものと同一視して不確実なものとなっていたんだ

だから、世界の実在を素朴に信じる自然的態度を一旦停止して（エポケー）

意識に現れる現象をそのままに記述することで確実な学問を作ったんだよ

哲学を確実な基礎の上に再構築するために現象学を創始したんだ

ハイデッガーの師だよ〜 えっへん

「現象そのものへ」

「Asia is One（アジアは一つ）」

岡倉天心

生　没 1862年12月26日～1913年9月2日

出身地 日本・横浜（神奈川県）

研究分野 美術評論

井上哲次郎

生　没　1855年12月25日～1944年12月7日
出身地　日本・筑前（福岡県）
研究分野　ドイツ観念論、仏教、儒教

儒教的立場から
戦前の国民道徳論に強い影響

財産権の保護や宗教的寛容の必要性を訴えた

ヴォルテール
(フランソワ・マリア・アルテ)

生　没 1694年11月21日～1778年5月30日

出身地 フランス・パリ

研究分野 フランス啓蒙思想

シモーヌ・ド・ボーヴォワール

生没 1908年1月9日～1986年4月14日
出身地 フランス・パリ
研究分野 実存主義、女性論

「ひとは女に生まれない、女になるのだ」

ボーヴォワール『第二の性』

消費社会をめぐる社会学研究に記号論の観点を導入

ジャン・ボードリヤール

生　没 1929年7月27日～2007年3月6日

出身地 フランス・ランス

研究分野 構造主義、社会学

「ステレオタイプ」を「パターン化したイメージ」という意味で初めて使用

ウォルター・リップマン

生　没 1889年9月23日～1974年12月14日

出身地 アメリカ・ニューヨーク

研究分野 政治評論、社会心理学

マルティン・ルター

生　没 1483年11月10日～1547年2月18日
出身地 ドイツ・アイスレーベン
研究分野 福音主義、宗教改革者

教会の権威は聖書の権威に優るものではない

ジャン・カルヴァン

生　没 1509年7月10日～1564年5月27日
出身地 フランス・ピカルディ
研究分野 宗教改革者、福音主義

すべては神により予定されている

「たんに生きるのではなく、よく生きる」

悪法も法なり

徳が何かを知れば
その知識に基づいて
正しい知徳合一な
生き方ができるよ

僕は本を残してないよお
弟子のプラトンが
残してくれたね

分からないことは
聞きまくったから
なあ〜〜〜〜。
問答法とか助産術
って言われたよ

ソクラテス

知ったかぶりする
ソフィストよりも『知らない』
ことを『知ってる』
僕の方がまあ賢いよね。
⇩
『無知の知』

幸福のためにはすぐれた
魂を持つんだよ。
大事なのは善く生きること
魂への配慮

アレテー＝性質
人間のアレテーは「知」だ

ソクラテス

生　没 前470年頃〜前399年

出身地 ギリシャ・アテネ

研究分野 哲学

世界を動かそうとする者は
まず自ら動け！

アウグスティヌス

生　没 354年11月13日～430年8月28日

出身地 北アフリカ・タガステ

研究分野 神学、哲学

原罪の重荷は恩寵によってのみ癒されるだろう

「美そのものを観るに至ってこそ、人生は生甲斐があるのです」

プラトン『饗宴』

プラトン

生　没 前427年～前347年

出身地 ギリシャ・アテネ　**研究分野** 哲学

ソクラテスは
国家の神を
信仰していない
若者を
堕落させて
いる！
死刑だ！
こんなの先生に
言い負かされた
奴らの言いがかり
です！
先生は刑に
値するようなこと
していないのに！
ここから
逃げましょー
プラトン
法律を守りなさいと
皆に説いたのは
他でもない僕だ
自分で言ったことには
責任を持たなければ
ならない
悪法も法なり

プラトンさんはソクラテスさんの
死後にギリシアから旅に出たそうです
プラトンさんが著書でソクラテスさんのことを
心から尊敬しているのが伝わりました
ですからこういう背景もあったのではないかなあと

アリストテレス

生　没 前384年～前322年

出身地 マケドニア・スタゲイラ

研究分野 哲学、倫理学、論理学、自然学、政治学、詩学…　万学の祖

人が幸福に暮らすためには倫理的徳が必要だ。そのためにはつねに中庸をとる習慣（エートス）を心がけるように。

共同体を維持するためには正義以上に友愛（フィリア）が必要なのさ

『形而上学』
『ニコマコス倫理学』

そのものが1番幸福である状態とはそのものが持つ固有の機能を十分に発揮している時だ。
テオリア

アリストテレス

形而上学とは自然学よりも先立つ学問だ。「それがどう存在するのか？」を考えみんだよ

この世の全ての物事は4つの要因かな
- 形相因
- 質料因
- 目的因
- 作用因

↳四原因説

アレクサンドロスの家庭教師もしたな。

「人間は自然本性的にポリス的動物である」

アリストテレス『政治学』

ムハンマド（マホメット）

生　没 570年頃～632年6月8日

出身地 メッカ

研究分野 イスラム教（創始者）

使徒であり、預言者でもある警告者

「人にしてもらいたいことを人にしなさい」

（黄金律）

イエス=キリスト

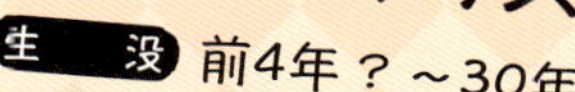

生　没　前4年？～30年頃

出身地　ベツレヘム

研究分野　キリスト教（創始者）

「信仰と、希望と、愛、この３つは、いつまでも残る。その中で最も大いなるものは、愛である。」

『新約聖書』「コリントの信徒への手紙」

パウロ

もともとはキリスト教を迫害する側だった。

私はユダヤ教徒だったのだ

キリスト教徒を逮捕するための旅路にイエス様の声を聞いたのがきっかけで回心した。

イエス様に実際にお会いしたことはないが熱く信仰する心は誰にも負けん。キリスト教布教につとめたのだ

最後は暴君ネロに殺されたがね。私の行ったことはキリスト教のためになったと確信しているのだよ

パウロ

生　没 ？～60年頃

出身地 小アジア・タルスス

研究分野 神学

マザー＝テレサ

生没 1910年8月27日～1997年9月5日

出身地 マケドニア

修道女として活動

「愛の反対は憎しみではなく無関心である」

「共通の権力がない間は、人間は各人の各人に対する戦争状態にある」

ホッブズ『リヴァイアサン』の「自分たちすべてを畏怖させるような共通の権力がないあいだは、人間は戦争と呼ばれる状態、各人の各人に対する戦争状態にある」を要約した

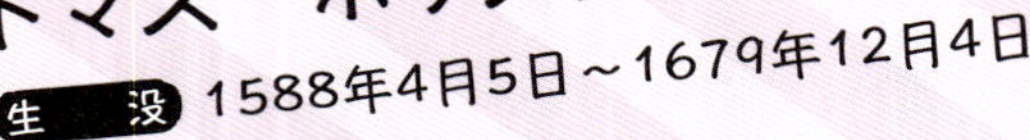

トマス・ホッブズ

生没 1588年4月5日～1679年12月4日

出身地 イギリス

研究分野 哲学、政治思想、社会契約思想

ジャン=ジャック・ルソー

生没 1712年6月28日～1778年7月2日
出身地 スイス・ジュネーブ
研究分野 哲学、教育学、政治学、社会契約思想

「人民は、人民から自由を奪った者と同じ権利をもって、みずからの自由を回復することができる」

ルソー『社会契約論』

ルリーくん
ホップズさん
人間が自然状態にいることが
大切
危険
カーン

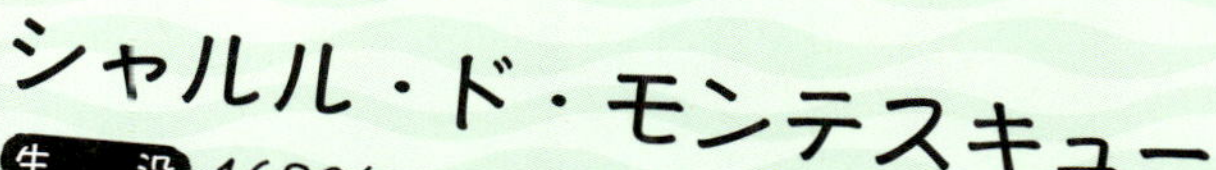

シャルル・ド・モンテスキュー

生没 1689年1月18日～1755年2月10日

出身地 フランス・ボルドー

研究分野 啓蒙思想

権力の乱用や自由の抑圧を防ぐために、三権分立を提唱した

「生を維持し促進するのは善であり、生を破壊し生を阻害するのは悪である」

シュヴァイツァー『文化と倫理』

アルベルト・シュヴァイツァー

生　没 1875年～1965年

出身地 アルザス

研究分野 神学、哲学、音楽学、医学

カール・マルクス

生　没 1818年5月5日～1883年3月14日

出身地 ドイツ

研究分野 経済学、哲学、革命指導、科学的社会主義

「人間の本質は、その現実性においては、社会的諸関係の総体である」

マルクス『フォイエルバッハに関するテーゼ』

エーリヒ・フロム

生没 1900年3月23日～1980年3月18日

出身地 ドイツ・フランクフルト

研究分野 精神分析学、社会心理学、フランクフルト学派

自由の重荷から逃れるための「権威主義的パーソナリティ」を発見

ソシュールの言語構造体系を、構造人類学として文化に応用

クロード・レヴィ＝ストロース

生　没　1908年11月28日～2009年10月30日

出身地　ベルギー・ブリュッセル

研究分野　社会人類学、民俗学、構造主義

差異の体系としての言語に注目

フェルディナン・ド・ソシュール

生没 1857年11月26日～1913年2月22日

出身地 スイス・ジュネーブ

研究分野 言語学、構造主義言語学

プロタゴラス

生没 前494年頃～前424年頃
出身地 アブデラ
研究分野 ソフィスト、相対主義

「万物の尺度は人間である」

山本光雄訳『初期ギリシア哲学者断片集』より

ヘラクレイトス

生　没 前540年～前480年

出身地 エフェソス

研究分野 哲学

「万物は流転する」

脱構築によって
形而上学思考の解体を試みた

ジャック・デリダ

生　没　1930年7月15日～2004年10月8日

出身地　フランス・フランス領アルジェリア

研究分野　哲学、ポスト構造主義

反証可能性を提唱することで、科学と疑似科学を区別

カール・ポパー

生　没 1902年7月28日～1994年9月17日

出身地 オーストリア・ウィーン

研究分野 哲学、反証可能性

荀子

生没 前298年頃～前235年
出身地 中国・趙
研究分野 性悪説、礼治主義

「人の性は悪にして、
その善なるものは僞なり」

『荀子』

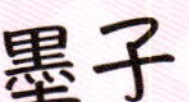

墨子

生　没 一説に前470年頃～前390年頃

出身地 中国・魯　**研究分野** 墨家の祖

「天下兼ねて相愛すれば則ち治まり、交相憎まば則ち乱る」

『墨子』

「私共の信仰は国のためでありまして、私共の愛国心はキリストのためであります」

内村鑑三『失意と希望』

内村鑑三

生　没 1861年3月23日～1930年3月28日

出身地 日本・江戸（東京都）

研究分野 宗教思想

「世間は虚仮なり、唯仏のみ是真なり」

「天寿国繍帳」に記された言葉
訳＝「この世は虚しく仮のものであり、仏こそが真実である」

聖徳太子

生没 574年～622年
出身地 日本・飛鳥（諸説あり）
研究分野 政治学、思想

ガンディー

生没 1875年～1948年

出身地 アルザス

研究分野 神学、哲学、音楽、医学

「非暴力は謙虚さの究極である」

宮沢賢治

生　没 1896年8月27日～1933年9月21日
出身地 日本・花巻（岩手県）
研究分野 詩、児童文学

「世界がぜんたい幸福にならないうちは個人の幸福はあり得ない」

宮沢賢治『農民芸術概論綱要』

「人間は対立的なるものの統一である」

和辻哲郎『倫理学』

仏教の空の思想を参考に
人間は独りでは成り立たない
間柄的存在
であるとしました

人間との関係として
捉えた自然を風土
と呼びました

和辻哲郎

厳しく戦闘的な
①砂漠型気候
穏やかで合理的な
②牧場型気候
豊かではあるものの
厳しさもある
③モンスーン気候
の3つの気候に
分けましたよ～う

自己の個性
を発揮したり
協調して
否定したりするの
ですよ～

和辻哲郎

生　没 1889年3月1日～1960年12月26日

出身地 日本・姫路（兵庫県）

研究分野 倫理学

「善につけ悪につけ、法華経を捨てることは地獄の業となるであろう」

日蓮『開目抄』

日蓮

生没 1222年～1282年

出身地 日本・安房（千葉県）

研究分野 日蓮宗の開祖

仏陀

生没 前463年？～前383年？（諸説あり）
出身地 カピラヴァストゥ・ルンビニー園
研究分野 仏教の開祖

「他人の間違いに目を向けるな。
ただ自分がやった事、
やらなかった事だけを見つめよ」

吉田松陰

生　没 1830年8月4日～1859年10月27日
出身地 日本・長州（山口県）
研究分野 尊王論

『講孟余話』

幕末の志士であり、尊王思想家です

松下村塾で様々な志士を育てました。

吉田松陰

安政の大獄で江戸に送られて刑死しました

勤王の志に向かって忠節・誠を説きました

一君万民論

「志を立てて以て万事の源と為す」

「道心の中に衣食あり
衣食の中に道心なし」

『伝述一心戒文』

人は誰でも仏性を持っていて、自分がそれを自覚して修行すれば成仏できるのですよ。

最澄

『顕戒論』
『山家学生式』

法華経の説く一乗思想に深く沼ってこれこそが仏陀本来の教えとしました。

大乗仏教

天台宗の開祖です

比叡山に延暦寺を建てました

最澄

生没 767年～822年

出身地 日本・近江（滋賀県）

研究分野 天台宗の開祖

→P122

画家、建築家、そして自然科学者でもあった万能人

レオナルド＝ダ＝ヴィンチ

生　没 1452年4月15日～1519年5月2日

出身地 イタリア・ビンチ

研究分野 美術、建築、科学

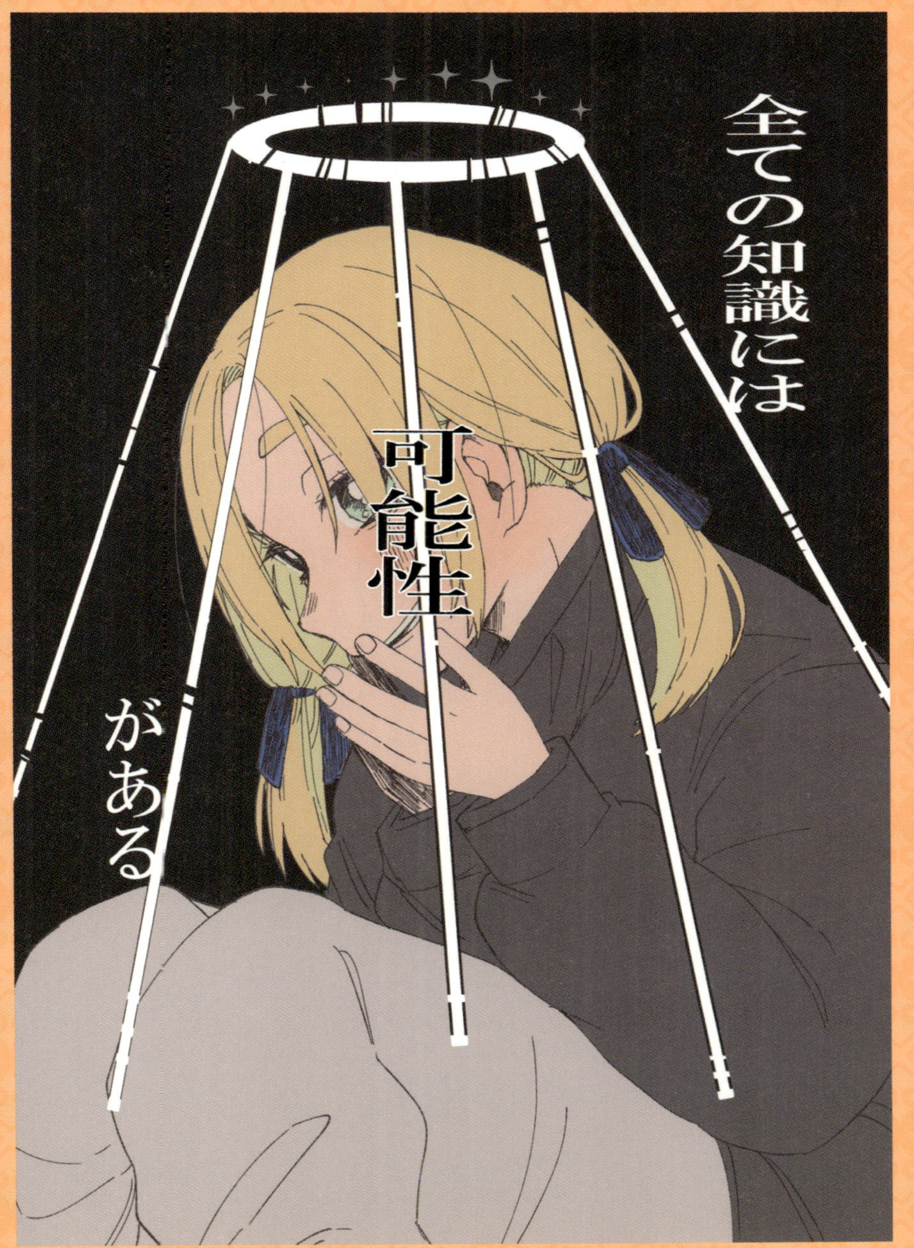
全ての知識には
可能性
がある

「苦悩と、そして死があってこそ人間という存在は初めて完全なものになる」

フランクル『夜と霧』

師
フロイト
→P105

ヴィクトール・エミール・フランクル

生　没 1905年3月26日～1997年9月2日
出身地 オーストリア・ウィーン　**研究分野** 精神分析学

ヨハン・ホイジンガ

生　没 1872年12月7日～1945年2月1日
出身地 オランダ・フローニンゲン
研究分野 文化史、文明批評

人間を「ホモ＝ルーデンス（遊ぶ人）」と定義

ミケランジェロ・ブオナローティ

生　没　1475年3月6日～1564年2月18日
出身地　イタリア・カプレーゼ
研究分野　美術、建築

彫刻を中心に、絵画や建築でも活躍した万能人

「有るもののみあり、有らぬものはあらぬ」

パルメニデス

生　没 前515年～？

出身地 南イタリア・エレア

研究分野 哲学

現代の大衆社会では「他人指向型」が支配的であると指摘

デイヴィッド・リースマン

生没 1909年9月22日～2002年5月10日
出身地 アメリカ・フィラデルフィア
研究分野 社会学

柳田国男

生　没 1875年7月31日～1962年8月8日
出身地 日本・兵庫
研究分野 日本民俗学

常民の生活文化を研究する民俗学を樹立

プロティノス

生没 205年頃～270年
出身地 アレクサンドリア
研究分野 哲学、神秘思想

新プラトン主義の実質的創始者

独自の国学を展開し、復古神道を完成させた

平田篤胤

生　没　1776年8月24日～1843年9月11日

出身地　日本・秋田

研究分野　国学

「メディアはメッセージである」

マクルーハン『メディア論』

マーシャル・マクルーハン

生　没 1911年7月21日～1980年12月31日
出身地 カナダ・エドモントン
研究分野 文明批評

熊沢蕃山

生　没 1619年～1691年8月17日

出身地 日本・京都　**研究分野** 儒学

法(礼法)はあくまでその状況(時・処・位)においてのみ妥当するんやから普遍的性格はもたないんよ。

『集義和書』

江戸の儒学者で陽明学者ですわあ

中江藤樹せんせのところで学ばせてもらいました

熊沢蕃山

単に聖人の事蹟を学んだらアカンで、その心も学ばんとなあー

自然環境の保護説いたけど社会はん批判しておこられたわあ

藩政治に関わったのち隠退し思想を深めた

「批評とは竟に己れの夢を懐疑的に語ることではないのか！」

小林秀雄『様々なる意匠』

小林秀雄

生没 1902年4月11日～1983年3月1日

 日本・東京

 評論

モーセ

生没 ？　出身地 エジプト
研究分野 預言者

「あなたには、わたしをおいて
ほかに神があってはならない」

『出エジプト記』「十戒」1

ハンス・アイゼンク

生　没 1916年3月4日～1997年9月4日
出身地 ドイツ・ベルリン
研究分野 心理学、行動療法

臨床心理学を発展させ、行動療法を提唱

精神分析やマルクス主義を援用しながら資本主義社会をとらえなおした

僕の哲学は難しいんだってぇ。ふっふー

ドゥルーズ

フランスの哲学者ですぅ

“哲学とは概念を創造すること”なんだよう

人間は「欲望する機械」なの

『差異と反復』にて経験論と観念論という2つの思考の基礎を批判的に解明したんだよお

ガタリくんと共同で色々調べたなあ

ジル・ドゥルーズ

生　没　1925年1月18日～1995年11月4日

出身地　フランス・パリ

研究分野　哲学、ポスト構造主義

青年期を「境界人（マージナル＝マン）」と定義づけた

クルト・レヴィン

生　没 1890年9月9日～1947年2月12日

出身地 ドイツ

研究分野 心理学、場理論

ピエール＝フェリックス・ガタリ

生　没 1930年4月30日～1992年8月29日
出身地 フランス・ヴェルヌーヴ・レ・サブロン
研究分野 精神学、哲学

共同研究
ドゥールーズ
➜ P183

社会主義と資本主義を精神分析の手法で分析

会沢安（正志斎）

生　没 1782年5月25日～1863年7月14日
出身地 日本・水戸（茨城県）
研究分野 儒学、江戸学

水戸藩士でありながら思想家として国体と尊王攘夷を説いた

人間を「ホモ＝シンボリクス（象徴を用いる人）」と定義

エルンスト・カッシーラー

生没 1874年7月28日～1945年4月13日
出身地 ブレスラウ（現ポーランド、ウロツワフ）
研究分野 哲学

吉本隆明

生　没 1924年11月25日～2012年3月16日

出身地 日本・東京

研究分野 詩、評論

「人は他者によって作られたじぶんに責任を負わなければならない」

吉本隆明『世界認識の方法』

ポパーの反証可能性に対し、ホーリズム（全体論的科学観）

ウィラード・ヴァン・オーラン・クワイン

生没 1908年6月25日～2000年12月25日

出身地 アメリカ・オハイオ

研究分野 論理学、タイプ理論

判断中止（エポケー）することでアタラクシアへ至るを提唱した

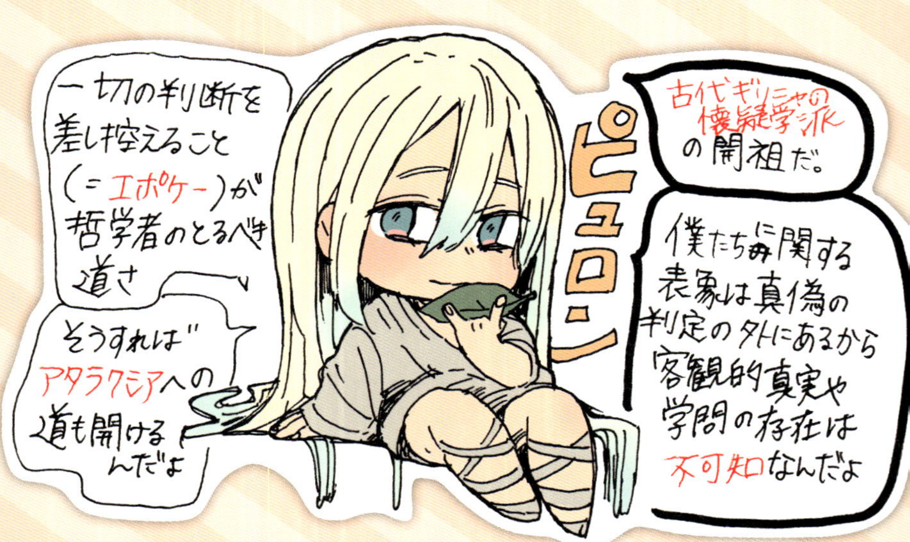

ピュロン

生没 前365年頃～前275年頃
出身地 エリス
研究分野 哲学、古懐疑学派

ハーバート・スペンサー

生　没 1820年4月27日～1903年12月8日
出身地 イギリス・ダービー
研究分野 哲学、社会進化論

産業社会における
自由放任の必要を説いた

①種族のイドラ：人間に共通に備わった偏見

②洞窟のイドラ：育った考え方による偏見

③市場のイドラ：うわさ話など伝言ミスによる偏見

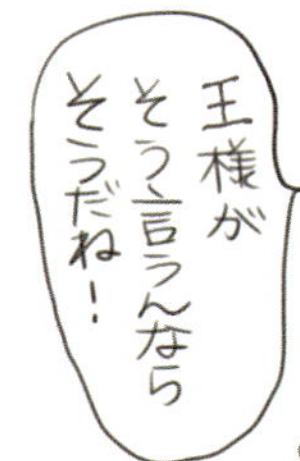

④劇場のイドラ：有名人や偉い人の言葉を信じてしまうことからの偏見

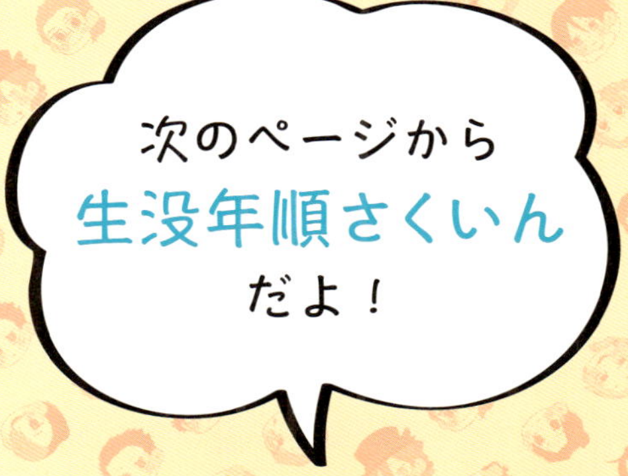
次のページから
生没年順さくいん
だよ！

生没年順さくいん

名　前	生　没	ページ
モーセ	?	181
マハービーラ（ヴァルダマーナ）	前600年頃～前527年	48
孔子	前551年～前479年	33
老子	?（春秋時代の人）	11
ヘラクレイトス	前540年～前480年	154
パルメニデス	前515年～?	173
ゼノン（エレア）	前495年頃～前430年頃	65
プロタゴラス	前494年頃～前424年頃	153
墨子	（伝）前470年頃～前390年頃	158
ソクラテス	前470年頃～前399年	133
仏陀	前463年?～前383年?（諸説あり）	165
プラトン	前427年～前347年	136
アリストテレス	前384年～前322年	139
孟子	前372年頃～前289年頃	34
荘子	?（孟子と同時代だと伝えられる）	12
ピュロン	前365年頃～前275年頃	190
エピクロス	前341年～前270年	66
荀子	前298年頃～前235年	157
イエス＝キリスト	前4年?～30年頃	141
パウロ	?～60年頃	142
龍樹	150年頃～250年頃	110
プロティノス	205年頃～270年	176
世親	320年頃～400年頃	110
アウグスティヌス	354年11月13日～430年8月28日	135
ムハンマド（マホメット）	570年頃～632年6月8日	140
聖徳太子	574年～622年	160
最澄	767年～822年	167
空海	774年6月15日～835年3月21日	122
空也	903年9月11日～972年10月20日	93
源信	942年～1017年6月10日	94
朱子	1130年9月15日～1200年3月9日	13

名　前	生　没	ページ
法然	1133年4月7日～1212年1月25日	31
栄西	1141年4月20日～1215年6月5日	58
親鸞	1173年～1262年11月28日	32
道元	1200年1月2日～1253年8月28日	59
日蓮	1222年～1282年	164
トマス・アクイナス	1225年頃～1274年3月7日	121
一遍	1239年2月15日～1289年8月23日	92
レオナルド＝ダ＝ヴィンチ	1452年4月15日～1519年5月2日	168
ジョヴァンニ・ピコ・デラ・ミランドラ	1463年2月24日～1494年11月17日	111
ニッコロ・マキャベリ	1469年5月3日～1527年6月21日	111
王陽明	1472年～1529年11月29日	14
ミケランジェロ・ブオナローティ	1475年3月6日～1564年2月18日	172
マルティン・ルター	1483年11月10日～1547年2月18日	131
ジャン・カルヴァン	1509年7月10日～1564年5月27日	132
ミシェル・ド・モンテーニュ	1533年2月28日～1592年9月13日	112
フランシス・ベーコン	1561年1月22日～1626年4月9日	4
鈴木正三	1579年1月10日～1655年6月25日	39
林羅山	1583年8月～1657年1月23日	71
トマス・ホッブズ	1588年4月5日～1679年12月4日	144
ルネ・デカルト	1596年3月31日～1650年2月11日	99
中江藤樹	1608年3月7日～1648年8月25日	15
熊沢蕃山	1619年～1691年8月17日	179
山崎闇斎	1619年12月9日～1682年9月16日	72
山鹿素行	1622年8月16日～1685年9月26日	35
ブレーズ・パスカル	1623年6月19日～1662年8月19日	100
伊藤仁斎	1627年7月20日～1705年3月12日	36
貝原益軒	1630年11月14日～1714年8月27日	69
ジョン・ロック	1632年8月29日～1704年10月28日	101
バールーフ・デ・スピノザ	1632年11月24日～1677年2月20日	104
井原西鶴	1642年～1693年8月10日	43
ゴットフリート・ライプニッツ	1646年7月1日～1716年11月14日	113

生没年順さくいん

名　前	生　没	ページ
新井白石	1657年2月10日～1725年5月19日	67
山本常朝	1659年6月11日～1719年10月10日	70
荻生徂徠	1666年2月16日～1728年1月19日	37
雨森芳州	1668年～1755年1月6日	68
ジョージ・バークリー	1685年3月12日～1753年1月14日	102
石田梅岩	1685年9月15日～1744年9月24日	16
シャルル・ド・モンテスキュー	1689年1月18日～1755年2月10日	147
ヴォルテール(フランソワ・マリア・アルテ)	1694年11月21日～1778年5月30日	127
賀茂真淵	1697年3月4日～1769年10月30日	44
安藤昌益	1707年～?	41
ディヴィッド・ヒューム	1711年5月7日～1776年8月25日	103
ジャン＝ジャック・ルソー	1712年6月28日～1778年7月2日	145
アダム・スミス	1723年6月5日～1790年7月17日	117
イマヌエル・カント	1724年4月22日～1804年2月12日	6
本居宣長	1730年5月7日～1801年9月29日	45
山片蟠桃	1748年～1821年2月26日	115
ジェレミ・ベンサム	1748年2月15日～1832年6月6日	95
クロード・アンリ・サン＝シモン	1760年10月17日～1825年5月19日	88
ヨハン・ゴットリープ・フィヒテ	1762年5月19日～1814年1月27日	108
ゲオルク・ヴィルヘルム・フリードリヒ・ヘーゲル	1770年8月27日～1831年11月14日	5
平田篤胤	1776年8月24日～1843年9月11日	177
会沢安（正志斎）	1782年5月25日～1863年7月14日	186
二宮尊徳	1787年7月23日～1856年10月20日	40
アルトゥル・ショーペンハウアー	1788年2月22日～1860年9月21日	19
オーギュスト・コント	1798年1月19日～1857年9月5日	91
ルートヴィヒ・アンドレアス・フォイエルバッハ	1804年7月28日～1872年9月13日	20
ジョン・スチュアート・ミル	1806年5月20日～1873年5月8日	96
佐久間象山	1811年2月16日～1864年7月11日	116
セーレン・キルケゴール	1813年5月5日～1855年11月11日	7

名　前	生　没	ページ
カール・マルクス	1818年5月5日~1883年3月14日	149
ハーバート・スペンサー	1820年4月27日~1903年12月8日	191
西村茂樹	1828年3月13日~1902年8月18日	60
レフ・N・トルストイ	1828年9月9日~1910年11月20日	56
吉田松陰	1830年8月4日~1859年10月27日	166
チャールズ・サンダース・パース	1839年9月10日~1914年4月19日	123
ウィリアム・ジェームズ	1842年1月11日~1910年8月26日	97
フリードリヒ・ニーチェ	1844年10月15日~1900年8月25日	119
中江兆民	1847年11月1日~1901年12月13日	42
エドワード・ベルンシュタイン	1850年1月6日~1932年12月18日	90
井上哲次郎	1855年12月25日~1944年12月7日	126
ジークムント・フロイト	1856年5月6日~1939年9月23日	105
陸羯南	1857年10月14日~1907年9月2日	62
フェルディナン・ド・ソシュール	1857年11月26日~1913年2月22日	152
エトムント・フッサール	1859年4月8日~1938年4月27日	124
アンリ=ルイ・ベルクソン	1859年10月18日~1914年1月4日	118
ジョン・デューイ	1859年10月20日~1952年6月1日	98
片山潜	1859年12月3日~1933年11月5日	80
三宅雪嶺	1860年5月19日~1945年11月26日	61
内村鑑三	1861年3月23日~1930年3月28日	159
森鷗外	1862年1月19日~1922年7月9日	47
岡倉天心	1862年12月26日~1913年9月2日	125
徳富蘇峰	1863年1月25日~1957年11月2日	63
マックス・ウェーバー	1864年4月21日~1920年6月14日	30
安部磯雄	1865年2月4日~1949年2月10日	80
ロマン・ロラン	1866年1月29日~1944年12月30日	57
夏目漱石	1867年1月5日~1916年12月9日	46
南方熊楠	1867年4月15日~1941年12月29日	77
北村透谷	1868年11月16日~1894年5月16日	114
ウラジミール・レーニン	1870年4月22日~1924年1月21日	89
西田幾多郎	1870年5月19日~1945年6月7日	52

生没年順さくいん

名　前	生　没	ページ
ハンス・ヨナス	1903年5月10日～1993年2月5日	54
テオドール・W・アドルノ	1903年9月11日～1969年8月6日	49
ヴィクトール・エミール・フランクル	1905年3月26日～1997年9月2日	170
ジャン＝ポール・サルトル	1905年6月21日～1980年4月15日	21
エマニュエル・レヴィナス	1906年1月12日～1995年12月25日	86
ハンナ・アーレント	1906年10月14日～1975年12月4日	51
シモーヌ・ド・ボーヴォワール	1908年1月9日～1986年4月14日	128
モーリス・メルロ＝ポンティ	1908年3月14日～1961年5月4日	85
アブラハム・ハロルド・マズロー	1908年4月1日～1970年6月8日	87
ウィラード・ヴァン・オーラン・クワイン	1908年6月25日～2000年12月25日	189
クロード・レヴィ＝ストロース	1908年11月28日～2009年10月30日	151
デイヴィッド・リースマン	1909年9月22日～2002年5月10日	174
マザー＝テレサ	1910年8月27日～1997年9月5日	143
マーシャル・マクルーハン	1911年7月21日～1980年12月31日	178
丸山眞男	1914年3月22日～1996年8月15日	75
フィリップ・アリエス	1914年7月21日～1984年2月8日	23
ハンス・アイゼンク	1916年3月4日～1997年9月4日	182
加藤周一	1919年9月19日～2008年12月5日	73
リヒャルト・フォン・ヴァイツゼッカー	1920年4月15日～2015年1月31日	55
ジョン・ボードリー・ロールズ	1921年2月21日～2002年11月24日	22
トマス・S・クーン	1922年7月18日～1996年6月17日	109
吉本隆明	1924年11月25日～2012年3月16日	188
ジル・ドゥルーズ	1925年1月18日～1995年11月4日	183
ミシェル・フーコー	1926年10月15日～1984年6月25日	53
ユルゲン・ハーバーマス	1929年6月18日～	50
ジャン・ボードリヤール	1929年7月27日～2007年3月6日	129
ピエール＝フェリックス・ガタリ	1930年4月30日～1992年8月29日	185
ジャック・デリダ	1930年7月15日～2004年10月8日	155
アマルティア・セン	1933年11月3日～	82
エドワード・W・サイード	1935年11月1日～2003年9月25日	64

定価はカバーに表示

ワ・タ・シ・の思想家ずかん

2018年8月1日　第1刷発行

著・イラスト　ゆ　も
発　行　者　野村久一郎

印　刷　所　広研印刷株式会社

発　行　所　株式会社　清水書院
〒102-0072　東京都千代田区飯田橋3-11-6
TEL　03-5213-7151（代）　FAX　03-5213-7160
http//www.shimizushoin.co.jp

装丁・本文デザイン　株式会社ウエイド（木下春圭）

Printed in Japan　ISBN978-4-389-50089-4